In the event of my death please deliver this book immediately to:

Name: _____

Phone: _____

Address: _____

Email: _____

This planner is not a legal document and does not replace a valid will

This book is for my family members and friends in the event of my death. It is intended to make the difficult time of my passing a little easier and provide the important information they will require in the days that follow my passing, as well as messages and my final thoughts.

Table Of Contents

Personal Information

Full Legal Name: _____

Date of Birth: _____

Place of Birth: _____

Social Security Number: _____

Medicare Number: _____

Legal Residence: _____

_____

_____

Mailing Address: _____

_____

_____

Other Residence: _____

_____

_____

Other Residence: _____

_____

_____

Other Residence: _____

_____

_____

Phone Numbers: _____

_____

Personal Information

Education History:

_____

_____

_____

_____

_____

_____

Employment History:

_____

_____

_____

_____

_____

_____

_____

_____

_____

Military History:

_____

_____

_____

_____

_____

Personal Information

Membership in Groups:

_____

_____

_____

_____

_____

_____

Honors & Awards:

_____

_____

_____

_____

_____

Notes:

_____

_____

_____

_____

_____

_____

_____

_____

_____

Personal Information

Spouse / Partner's Name: _____

Date of Marriage: _____

Date Deceased: _____

Children's Names: _____

_____

_____

_____

_____

_____

_____

_____

_____

_____

Grandchildren's Names: _____

_____

_____

_____

_____

_____

_____

_____

_____

_____

_____

Personal Information

Parents' Names: _____

_____

_____

_____

Siblings' Names: _____

_____

_____

_____

_____

Notes About My Youth:

_____

_____

_____

_____

_____

_____

_____

_____

_____

_____

_____

_____

_____

_____

_____

_____

Personal Information

Hobbies & Interests:

_____

_____

_____

_____

_____

_____

_____

_____

Favorite Things (Places, Songs, Books, Quotes etc.):

_____

_____

_____

_____

_____

_____

_____

_____

_____

_____

_____

_____

_____

_____

_____

Personal Information

Things I am proud of :

_____

_____

_____

_____

_____

_____

_____

Things I wish I had done differently:

_____

_____

_____

_____

_____

My faith / beliefs / spirituality:

_____

_____

_____

_____

_____

_____

_____

_____

_____

_____

Important Information & Documentation
Location of Documents

Birth Certificate: _____

Death Certificate: _____

Marriage Certificate: _____

Citizenship: _____

Adoption: _____

Other: _____

Wills & Trusts: _____

Lawyer / Attorney: _____

Phone Number: _____

Accountant: _____

Phone Number: _____

Tax Return: _____

Vehicles: _____

_____

_____

_____

_____

_____

Other: _____

_____

_____

_____

_____

Important Information & Documentation
Financial – Banking

Bank: _____

Account No: _____

Type: _____

Details: _____

_____

Bank: _____

Account No: _____

Type: _____

Details: _____

_____

Bank: _____

Account No: _____

Type: _____

Details: _____

_____

Mortgage Holder: _____

Account Number: _____

Property: _____

Details: _____

_____

Safe Deposit Box No: _____

Bank: _____

Keys / Codes: _____

Details: _____

_____

Important Information & Documentation
Financial – Property Investments

Property address: _____

Names on deeds / titles: _____

Valuation: _____

Mortgage Amount: _____

Mortgage With: _____

Property Manager: _____

Insurances: _____

Utilities & Bills: _____

Accountant: _____

Contacts: _____

Property address: _____

Names on deeds / titles: _____

Valuation: _____

Mortgage Amount: _____

Mortgage With: _____

Property Manager: _____

Insurances: _____

Utilities & Bills: _____

Accountant: _____

Contacts: _____

Property address: _____

Names on deeds / titles: _____

Valuation: _____

Mortgage Amount: _____

Mortgage With: _____

Property Manager: _____

Insurances: _____

Utilities & Bills: _____

Accountant: _____

Contacts: _____

Important Information & Documentation
Financial – Investments

Individual Shares: _____

_____

_____

_____

_____

_____

Login Details: _____

Password: _____

Paperwork: _____

Share Portfolio: _____

Login Details: _____

Password: _____

Paperwork: _____

Term Deposits: _____

_____

Bonds: _____

_____

Login Details: _____

Password: _____

Paperwork: _____

Other: _____

_____

_____

Important Information & Documentation
Financial – Business Interests

Name of business: _____

Ownership: _____

Address: _____

Website: _____

Lawyer: _____

Accountant: _____

Documents located: _____

Documents – computer: _____

Documents – cloud: _____

Software: _____

_____

_____

_____

Logins & Passwords: _____

_____

_____

Contacts: _____

_____

_____

Other: _____

_____

_____

_____

Additional Information:

Important Information & Documentation
Financial – Pensions & Credit

Pension: _____

Account No: _____

Details: _____

Pension: _____

Account No: _____

Details: _____

Credit Card: _____

Account No: _____

Credit Card: _____

Account No: _____

Credit Card: _____

Account No: _____

Credit Card: _____

Account No: _____

Credit Card: _____

Account No: _____

Other: _____

_____

_____

_____

_____

_____

_____

Important Information & Documentation
Financial – Debits & Loans

Other Monies Owing:

_____

_____

_____

_____

_____

_____

_____

_____

_____

_____

Money Owed To Me:

_____

_____

_____

_____

_____

_____

_____

_____

_____

_____

Important Information & Documentation
Financial – Insurance

Insurance Company (Home 1): _____

Account Number: _____

Insurance Company (Home 2): _____

Account Number: _____

Insurance Company (Life): _____

Account Number: _____

Insurance Company (Health): _____

Account Number: _____

Insurance Company (Vehicle 1): _____

Account Number: _____

Insurance Company (Vehicle 2): _____

Account Number: _____

Insurance Company (Vehicle 3): _____

Account Number: _____

Property Tax Office (Home 1): _____

Account Number: _____

Property Tax Office (Home 2): _____

Account Number: _____

Property Tax Office (Home 3): _____

Account Number: _____

Important Information & Documentation
Financial – Bills & Utilities

Electric Company: _____

Account Number: _____

Gas / Oil Company: _____

Account Number: _____

Water Company: _____

Account Number: _____

Other Utility: _____

Account Number: _____

Other Utility: _____

Account Number: _____

Other Utility: _____

Account Number: _____

Cable /Satellite: _____

Account Number: _____

Phone Company (home): _____

Account Number: _____

Phone Company (Cell): _____

Account Number: _____

Internet Provider: _____

Account Number: _____

Important Information & Documentation
Location of Items

Locations of Keys:

_____

_____

_____

_____

_____

Location of Wallets / Purses:

_____

_____

_____

_____

_____

Location of Cash / Jewelry:

_____

_____

_____

_____

_____

Location of Other Items:

_____

_____

_____

_____

_____

Important Information & Documentation
Logins & Passwords

Email Address: _____

Password: _____

Email Address: _____

Password: _____

Email Address: _____

Password: _____

Email Address: _____

Password: _____

Website: _____

Login / Username: _____

Password / Pin: _____

Website: _____

Login / Username: _____

Password / Pin: _____

Website: _____

Login / Username: _____

Password / Pin: _____

Website: _____

Login / Username: _____

Password / Pin: _____

Website: _____

Login / Username: _____

Password / Pin: _____

Important Information & Documentation
Logins & Passwords

Email Address: _____

Password: _____

Email Address: _____

Password: _____

Email Address: _____

Password: _____

Email Address: _____

Password: _____

Website: _____

Login / Username: _____

Password / Pin: _____

Website: _____

Login / Username: _____

Password / Pin: _____

Website: _____

Login / Username: _____

Password / Pin: _____

Website: _____

Login / Username: _____

Password / Pin: _____

Website: _____

Login / Username: _____

Password / Pin: _____

Important Information & Documentation
Logins & Passwords

Email Address: _____

Password: _____

Email Address: _____

Password: _____

Email Address: _____

Password: _____

Email Address: _____

Password: _____

Website: _____

Login / Username: _____

Password / Pin: _____

Website: _____

Login / Username: _____

Password / Pin: _____

Website: _____

Login / Username: _____

Password / Pin: _____

Website: _____

Login / Username: _____

Password / Pin: _____

Website: _____

Login / Username: _____

Password / Pin: _____

Dependents & Pets
My Dependents

These are my wishes for my dependents:

_____

_____

_____

_____

_____

_____

_____

_____

_____

_____

_____

_____

_____

_____

_____

_____

_____

_____

_____

_____

_____

_____

_____

_____

Dependents & Pets
My Dependents

These are my wishes for my dependents:

_____

_____

_____

_____

_____

_____

_____

_____

_____

_____

_____

_____

_____

_____

_____

_____

_____

_____

_____

_____

_____

_____

_____

_____

_____

_____

_____

Dependents & Pets
My Pets

These are my wishes for my pets:

_____

_____

_____

_____

_____

_____

_____

_____

_____

_____

Care & feeding instructions:

_____

_____

_____

_____

Medication & instructions:

_____

_____

_____

_____

_____

Preferred veterinary clinic: _____

Phone number: _____

My Passing
Before I Die

My feelings about life support and resuscitation:

_____

_____

_____

_____

_____

_____

_____

_____

_____

_____

_____

_____

Other Details:

_____

_____

_____

_____

_____

_____

_____

_____

_____

My Passing
Immediately Upon My Death

Funeral Home: _____

Phone Number: _____

Address: _____

Previous arrangements: _____

(if made) _____

_____

_____

Cremation or Burial: _____

_____

Burial Plot Wishes: _____

_____

Wishes for My Ashes: _____

Person to Lead Service: _____

Phone Number: _____

Location of Service: _____

Phone Number: _____

Donations to be Made: _____

_____

_____

_____

_____

_____

_____

_____

Other Wishes

My Obituary

List of Contacts

Name: _____

Relationship: _____

Phone Number: _____

Address: _____

Name: _____

Relationship: _____

Phone Number: _____

Address: _____

Name: _____

Relationship: _____

Phone Number: _____

Address: _____

Name: _____

Relationship: _____

Phone Number: _____

Address: _____

Name: _____

Relationship: _____

Phone Number: _____

Address: _____

Name: _____

Relationship: _____

Phone Number: _____

Address: _____

List of Contacts

Name: _____

Relationship: _____

Phone Number: _____

Address: _____

Name: _____

Relationship: _____

Phone Number: _____

Address: _____

Name: _____

Relationship: _____

Phone Number: _____

Address: _____

Name: _____

Relationship: _____

Phone Number: _____

Address: _____

Name: _____

Relationship: _____

Phone Number: _____

Address: _____

Name: _____

Relationship: _____

Phone Number: _____

Address: _____

List of Contacts

Name: _____

Relationship: _____

Phone Number: _____

Address: _____

Name: _____

Relationship: _____

Phone Number: _____

Address: _____

Name: _____

Relationship: _____

Phone Number: _____

Address: _____

Name: _____

Relationship: _____

Phone Number: _____

Address: _____

Name: _____

Relationship: _____

Phone Number: _____

Address: _____

Name: _____

Relationship: _____

Phone Number: _____

Address: _____

List of Contacts

Name: _____

Relationship: _____

Phone Number: _____

Address: _____

Name: _____

Relationship: _____

Phone Number: _____

Address: _____

Name: _____

Relationship: _____

Phone Number: _____

Address: _____

Name: _____

Relationship: _____

Phone Number: _____

Address: _____

Name: _____

Relationship: _____

Phone Number: _____

Address: _____

Name: _____

Relationship: _____

Phone Number: _____

Address: _____

List of Contacts

Name: _____

Relationship: _____

Phone Number: _____

Address: _____

Name: _____

Relationship: _____

Phone Number: _____

Address: _____

Name: _____

Relationship: _____

Phone Number: _____

Address: _____

Name: _____

Relationship: _____

Phone Number: _____

Address: _____

Name: _____

Relationship: _____

Phone Number: _____

Address: _____

Name: _____

Relationship: _____

Phone Number: _____

Address: _____

List of Contacts

Name: _____

Relationship: _____

Phone Number: _____

Address: _____

Name: _____

Relationship: _____

Phone Number: _____

Address: _____

Name: _____

Relationship: _____

Phone Number: _____

Address: _____

Name: _____

Relationship: _____

Phone Number: _____

Address: _____

Name: _____

Relationship: _____

Phone Number: _____

Address: _____

Name: _____

Relationship: _____

Phone Number: _____

Address: _____

My Belongings

These are my wishes for my belongings:

_____

_____

_____

_____

_____

_____

_____

_____

_____

_____

_____

_____

_____

_____

_____

_____

_____

_____

_____

_____

_____

_____

_____

_____

_____

My Belongings

My Belongings

Parting Words For Friends & Family

Message for: _____

_____

_____

_____

_____

_____

_____

_____

_____

_____

_____

_____

_____

_____

_____

_____

_____

_____

_____

_____

_____

_____

_____

Parting Words For Friends & Family

Message for: _____

_____

_____

_____

_____

_____

_____

_____

_____

_____

_____

_____

_____

_____

_____

_____

_____

_____

_____

_____

_____

_____

_____

_____

Parting Words For Friends & Family

Message for: _____

_____

_____

_____

_____

_____

_____

_____

_____

_____

_____

_____

_____

_____

_____

_____

_____

_____

_____

_____

_____

_____

_____

_____

_____

_____

Parting Words For Friends & Family

Message for: _____

_____

_____

_____

_____

_____

_____

_____

_____

_____

_____

_____

_____

_____

_____

_____

_____

_____

_____

_____

_____

_____

_____

_____

_____

_____

Parting Words For Friends & Family

Message for: _____

_____

_____

_____

_____

_____

_____

_____

_____

_____

_____

_____

_____

_____

_____

_____

_____

_____

_____

_____

_____

_____

_____

_____

Parting Words For Friends & Family

Message for: _____

_____

_____

_____

_____

_____

_____

_____

_____

_____

_____

_____

_____

_____

_____

_____

_____

_____

_____

_____

_____

Parting Words For Friends & Family

Message for: _____

_____

_____

_____

_____

_____

_____

_____

_____

_____

_____

_____

_____

_____

_____

_____

_____

_____

_____

_____

_____

_____

_____

_____

_____

_____

Final Thoughts

Final Thoughts

Final Thoughts

Final Thoughts

Final Thoughts

Final Thoughts

Final Thoughts

Final Thoughts

Made in the USA
Las Vegas, NV
13 May 2024

89899686R00033